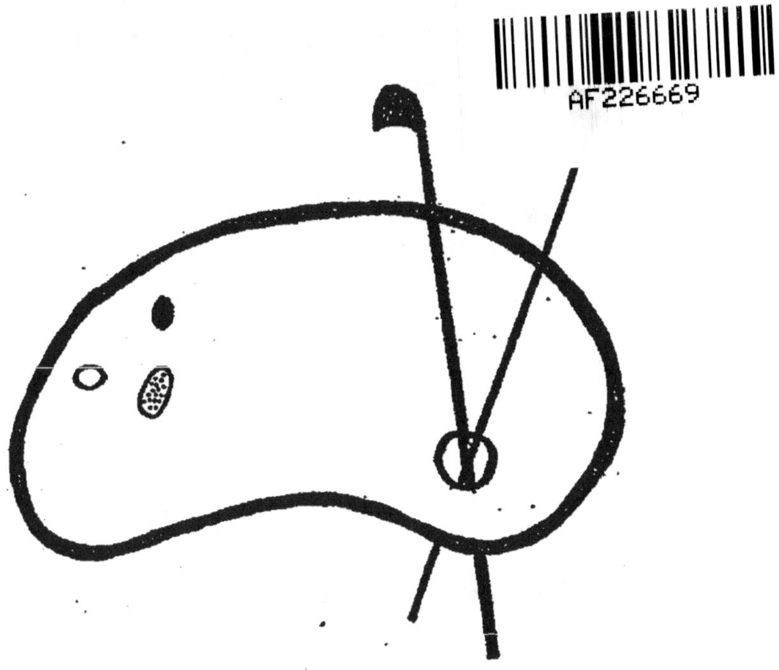

DEBUT D'UNE SERIE DE DOCUMENTS
EN COULEUR

LE LEVIER D'ARCHIMÈDE

OU

LA MÉCANIQUE CÉLESTE

ET

LE CÉLESTE MÉCANICIEN

PAR

Le R. P. Th. ORTOLAN, O. M. I.

DOCTEUR EN THÉOLOGIE ET EN DROIT CANONIQUE,
LAURÉAT DE L'INSTITUT CATHOLIQUE DE PARIS
MEMBRE DE L'ACADÉMIE DE SAINT RAYMOND DE PENNAFORT

PREMIER VOLUME

PARIS

LIBRAIRIE BLOUD ET BARRAL

4, RUE MADAME ET RUE DE RENNES, 59

—

1899

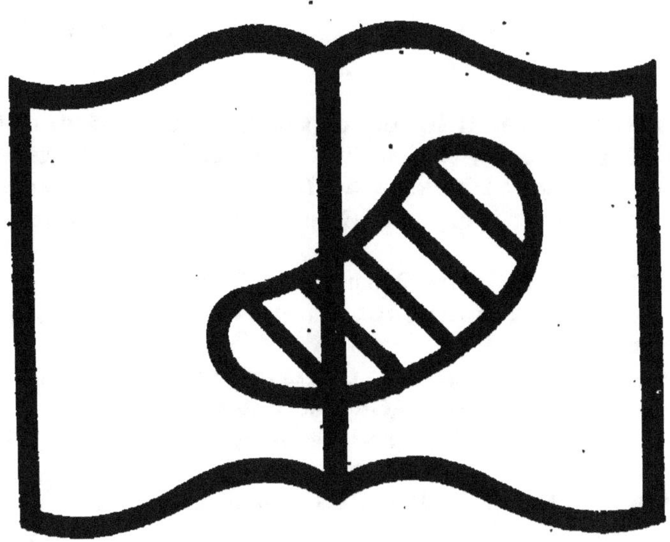

Illisibilité partielle

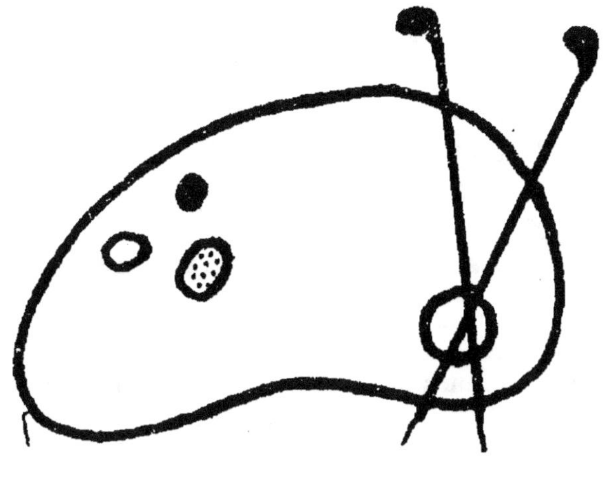

Fin d'une série de documents
en couleur

(TYPOGRAPHIE)

SCIENCE ET RELIGION
Études pour le temps présent

LE LEVIER D'ARCHIMÈDE

OU

LA MÉCANIQUE CÉLESTE

ET

LE CÉLESTE MÉCANICIEN

PAR

Le R. P. Th. ORTOLAN, O. M. I.

DOCTEUR EN THÉOLOGIE ET EN DROIT CANONIQUE,
LAURÉAT DE L'INSTITUT CATHOLIQUE DE PARIS
MEMBRE DE L'ACADÉMIE DE SAINT RAYMOND DE PENNAFORT

PREMIER VOLUME

PARIS

LIBRAIRIE BLOUD ET BARRAL

4, RUE MADAME ET RUE DE RENNES, 59

—

1899

CHAPITRE I

I

Les trophées.

Sortie pleine de vie des catacombes, après trois siècles de persécution, l'Église, pour mieux affirmer son triomphe sur le paganisme vaincu, fit entrer les débris des édifices païens dans la construction des temples bâtis à la gloire du vrai Dieu.

Rome, la ville éternelle, présente, presque à chaque pas, cette merveilleuse fusion des souvenirs de tous les âges. Dans les rues, sur les places, à l'intérieur des basiliques, ce sont des preuves, répétées mille fois, de l'inexplicable victoire du divin Crucifié.

Elle est attestée, cette victoire, par l'imposant obélisque de granit rouge, fièrement debout au milieu de l'immense place de Saint-Pierre. Autrefois, il embellissait le cirque de Néron, le tyran ; puis, dans leur fureur, les Barbares le renversèrent ; mais, depuis lors, les Papes l'ont relevé du milieu des ruines, pour en former un superbe piédestal à la Croix.

Un autre témoin de ce genre, non moins vénérable par son antiquité et non moins éloquent, prêche de même, depuis des siècles, au milieu de la place de

Saint-Jean-de-Latran. Couvert d'hiéroglyphes d'une sculpture parfaite, il vit, à Thèbes, s'écouler à ses pieds, comme les eaux d'un torrent, de nombreuses générations, jusqu'au jour où les empereurs romains s'en emparèrent, et, l'ayant réservé pour leur capitale, en firent un de ses plus beaux ornements.

Renversé à son tour, réparé par Sixte-Quint et chanté par Le Tasse (1), il résume à lui seul les vicissitudes des plus puissants empires du monde, destinés à disparaître successivement devant l'empire du Christ qui doit leur survivre à tous.

Semblable trophée sur la place de Sainte-Marie-Majeure. Là se dresse aussi, surmonté de la Croix resplendissante, et restauré encore par les soins de Sixte-Quint, un obélisque transporté à Rome par les empereurs, et posé autrefois devant le mausolée d'Auguste, comme celui de la place de Monte-Cavallo, sur le Quirinal.

De même sur la place du Peuple, près de la porte Flaminienne, d'où part le *Corso* qui monte vers le Capitole. Bien des personnages illustres voulurent faire, par ce côté, leur entrée solennelle dans la Ville aux sept collines. Par là passèrent, entre autres, Vitellius, avec ses légions victorieuses, et, dix-huit siècles plus tard, Pie VII, revenu de l'exil.

Au centre de cette magnifique place circulaire entourée de statues et d'édifices, on admire cet obélisque pris à l'Égypte par Auguste, après la bataille

---

(1) *L'obelisco di note impresso intorno* (*Rime*, Part. II, 345).

d'Actium. Le maître du monde, le mettant dans le grand cirque, l'avait dédié au Soleil :

IMP. CÆSAR. DIV. F.

AVGVSTVS

PONTIFEX. MAXIMVS

IMP. XII. COS. XI. TRIB. POT. XIV.

ÆGYPTO IN POTESTATEM

POPVLI ROMANI REDACTA

SOLI DONVM DEDIT.

« L'empereur Auguste, fils du divin César, souverain pontife, douze fois empereur, onze fois consul, quatorze fois tribun, ayant soumis l'Égypte à la puissance du peuple romain, a offert ce don au Soleil. »

En 1589, Sixte-Quint retira des ruines du grand cirque ce superbe monolithe, et, après l'avoir érigé sur la place du Peuple, en face d'une église de la Sainte-Vierge, le consacra au véritable Soleil des intelligences, Jésus-Christ, Fils du Dieu vivant.

SEXTVS. V. PONT. MAX.

OBELISCVM HVNC

A. CÆS. AVG. SOLI

IN CIRCO MAXIMO RITV

DICATVM IMPIO

MISERANDA RVINA

FRACTVM OBRVTVMQVE

ERVI TRANSFERRI

FORMÆ SVÆ REDDI

CRVCIQ. INVICTISS.

DEDICARI JVSSITN

A. M. D.LXXXIX. PONT. IV.

« Par Sixte-Quint, Souverain Pontife, cet obélisque, que César-Auguste avait, par un rite impie, dédié au Soleil dans le grand cirque, et qui avait été ensuite brisé et misérablement enseveli sous les ruines, a été retiré des décombres, transporté ici, rétabli dans sa beauté première, et consacré à la Croix invincible, l'an 1589, de son Pontificat le quatrième. »

Une troisième inscription gravée sur un autre côté, dit, avec une allusion à l'église voisine, combien cet obélisque s'estime heureux et honoré d'être, maintenant, devant le temple de celle dont le sein virginal donna naissance, sous le règne de ce même Auguste, au véritable Soleil de Justice.

ANTE SACRAM

ILLIVS ÆDEM

AVGVSTIOR

LÆTIORQVE SVRGO

CVJVS EX VTERO

VIRGINALI

AVG. IMPERANTE

SOL JVSTITIÆ

EXORTVS EST.

Il est sublime ce chant du vieux monolithe égyptien, en face du temple de la Vierge Marie, idéal angélique de la miséricorde et de la pureté, non loin des vestiges du tombeau où furent jetées les cendres impures du cruel Néron, le parricide couronné.

En remontant le Corso, et presque au centre de la ville, se trouve la fameuse et gigantesque colonne en marbre blanc de cinquante mètres de hauteur, construite par le Sénat en l'honneur de l'empereur Marc-Aurèle, divinisé par le servilisme de ses courtisans. Ils voulaient immortaliser ses victoires sur les Barbares d'Allemagne, et ils en représentèrent les péripéties dans ces immenses bas-reliefs qui couvrent la colonne entière, depuis le piédestal jusqu'au chapiteau.

Depuis bien des siècles, la statue de l'empereur philosophe avait disparu, et la colonne gisait à terre, quand Sixte-Quint la fit redresser, la purifia, et posa au sommet la statue en bronze de l'apôtre saint Paul, vainqueur des Barbares, lui aussi, mais par une victoire bien plus glorieuse et plus durable.

Le monument semble fier de sa régénération, et il se proclame heureux de servir de base à la statue de celui qui, par la prédication de la Croix, a triomphé des Barbares et des Romains.

TRIVMPHALIS

ET SACRA NVNC SVM

CHRISTI VERE PIVM

DISCIPVLVM FERENS

QVI PER CRVCIS

PRÆDICATIONEM

DE ROMANIS

BARBARISQVE

TRIVMPHAVIT

Le Sénat avait dédié une autre colonne aussi colossale à l'empereur Trajan, en souvenir de ses victoires sur les Germains et sur les Daces. Non moins grande et non moins belle que celle de Marc-Aurèle, avec ses bas-reliefs où sont sculptées plus de deux mille figures, elle a été aussi par Sixte-Quint relevée de ses ruines, et elle porte la statue de saint Pierre, tournée vers le Vatican.

Si maintenant nous entrons dans les basiliques elles-mêmes, nous y rencontrons partout les dépouilles monumentales du paganisme vaincu.

A Sainte-Marie-Majeure, les trente-six belles colonnes ioniques de marbre blanc, sur lesquelles est assis le superbe plafond en caissons dorés de la principale nef, proviennent du temple de Junon.

A Saint-Jean-de-Latran, les quatre magnifiques colonnes antiques de bronze doré qui ornent l'incomparable autel du Saint-Sacrement, avaient appartenu au temple de Jupiter Capitolin ; elles avaient été fondues, par ordre d'Auguste, avec le bronze dont se composaient les rostres des vaisseaux égyptiens pris à Actium.

A Saint-Laurent-hors-les-Murs, sont plus de vingt colonnes ioniques de granit enlevées à divers temples anciens. L'église de Saint-Pierre-ès-Liens n'est pas moins riche.

Dans l'immense basilique de Saint-Pierre-au-Vatican, les quatre colonnes torses en bronze doré, qui, hautes d'une dizaine de mètres, soutiennent le baldaquin de la Confession, furent coulées en 1633, sous Urbain VIII, avec le bronze des portes du Panthéon.

La statue du prince des Apôtres elle-même, cette statue devant laquelle tant de générations se sont courbées, et dont le pied a été en partie usé par les baisers des pèlerins pieux, fut faite avec le bronze de celle de Jupiter Capitolin. Celui-ci n'aurait pas été assez puissant pour sauver Rome des fureurs d'Attila, si le pêcheur de Galilée n'avait apparu lui-même au chef de tant de hordes indisciplinées, au moment où le Pape, saint Léon le Grand, lui manifestait les volontés du ciel.

Pour affirmer de plus en plus son triomphe, l'Église non seulement s'empara des dépouilles du paganisme, mais elle prit possession du sol même, où, pendant de longs siècles, il régna pour le malheur et la honte de l'humanité.

La basilique de Sainte-Croix-en-Jérusalem, fondée par sainte Hélène, est bâtie sur l'emplacement des trop célèbres jardins de l'infâme Héliogabale. Là où tant de scènes impudiques s'étaient déroulées, est maintenant conservé, au milieu d'un grand nombre de reliques des plus précieuses, le fragment le plus considérable qui existe encore de la vraie Croix.

La majestueuse église de Sainte-Marie-des-Anges, restaurée par le génie de Michel-Ange lui-même, était la salle principale, ou pinacothèque, des thermes luxueux de Dioclétien. Le plafond de cette salle immense reposait sur huit gigantesques colonnes de granit qui s'y trouvent encore. Leur aspect est des plus imposants, quoique leur base soit enfouie, de plusieurs mètres, dans le sol qu'il a fallu exhausser.

L'église de l'Ara-Cœli, où l'on vénère le *Gesù-Bambino*, occupe la place du temple de Jupiter Capitolin. Desservie par les fils de saint François d'Assise, l'amant de la pauvreté volontaire, elle renferme des colonnes de granit égyptien enlevées au palais des Césars.

L'église des Dominicains, ou de la Minerve, est bâtie sur l'emplacement d'un ancien temple dédié à cette déesse par Pompée, après ses victoires.

Un des plus brillants trophées du triomphe du Christianisme est le Panthéon, construit par Agrippa, ministre et gendre d'Auguste, vingt-six ans avant la naissance du Sauveur. C'était l'un des plus élégants édifices de Rome antique, et c'est le mieux conservé de tous.

Le portique est formé de seize colonnes monolithes de granit oriental. Elles ont une dizaine de mètres de hauteur, sans compter la base et le chapiteau en marbre blanc, d'un travail exquis.

Grâce à des illusions d'optique produites par une perspective savamment combinée, l'intérieur paraît beaucoup plus vaste qu'il n'est réellement. Le pavé est recouvert de dalles circulaires en marbre et en porphyre de plus de deux mètres de largeur.

De grandes niches, constituant des espèces d'édicules, sont creusées dans la profondeur des murs, dont l'épaisseur moyenne est de six mètres. Elles sont séparées par des colonnes en marbre jaune cannelées, hautes de sept à huit mètres, surmontées par un entablement, portant une seconde colonnade et des cariatides de bronze, au-dessus desquelles s'arrondit la voûte de la coupole, dont la grande ouverture du sommet laisse voir l'azur du ciel. Partout ce n'était que marbres précieux, sculptures et statues d'argent ou d'or.

Ce temple, le plus beau de la Rome des Césars, était consacré à Jupiter vengeur, *Jovi ultori* ; mais, il fut bientôt le rendez-vous de tous les faux dieux de l'Olympe, et s'appela, dès lors, le Panthéon.

Six cents ans plus tard, ce lieu profané par le culte de toutes les divinités païennes, fut purifié et comme baptisé par le Pape Boniface IV. Aujourd'hui, il sert de reliquaire à d'innombrables martyrs, dont les corps réservés à la résurrection glorieuse, après avoir été exhumés des catacombes, y furent transportés solennellement aux acclamations de la ville entière. Alors le Panthéon, dédié à la Mère de Dieu, reçut le nom de Sainte-Marie-des-Martyrs.

Debout depuis dix-huit siècles, respecté par les Barbares et par le temps (dont les outrages sont d'ordinaire irréparables,) le Panthéon est un témoin éloquent de la miraculeuse victoire de l'Église sur le monde païen.

De l'autre côté du Tibre, est le tombeau du pêcheur galiléen, près du palais de ses successeurs.

Par un secret dessein de la Providence, le Vatican fut construit dans le quartier de l'antique Rome le plus souillé par les superstitions et les rites abominables de l'idolâtrie.

Là où étaient le cirque et les jardins de Néron ;

là où ce cruel persécuteur avait cru étouffer l'Église dans son berceau ; là où les générations plongées dans les ténèbres du polythéisme, étaient venues demander à des oracles menteurs la révélation des mystères de l'avenir ; là devait s'élever, au-dessus du tombeau du premier pape, le temple le plus splendide de l'univers ; là aussi devaient accourir les peuples, pendant une longue série de siècles, pour recueillir, avec une respectueuse soumission et un filial amour, les décrets infaillibles des vicaires de Jésus-Christ.

II

Les païens au service de l'Église.

Non seulement, comme gage de sa victoire et par droit de conquête, l'Église s'est emparée des édifices anciens, et en a employé les riches matériaux à l'embellissement des temples construits en l'honneur du vrai Dieu ; mais, chose plus étrange ! elle s'est servie des païens les plus illustres, pour convertir les âmes et les conduire sur le chemin du ciel.

Les plus beaux génies de l'antiquité ont, tour à tour, été mis à contribution, pour élever des temples spirituels au Dieu Créateur du monde et Rédempteur de l'humanité déchue.

En se répandant de plus en plus, malgré les persécutions sanglantes dont il était l'objet, le Christianisme avait semé partout des germes de vérités religieuses qui, en se développant, devaient aboutir à l'anéantissement du paganisme. Celui-ci, en face de son ennemi grandissant, se concentra en lui-même, et chercha, dans son passé le plus glorieux, ce qu'il avait de plus fort à lui opposer.

Il y trouva celui qu'on appelait le divin Platon, et il résolut de le constituer son paladin dans une lutte sans merci, quoique moins furieuse en apparence. Grâce à lui, il essaya de singer le Christianisme, qui prêchait un Dieu unique, immatériel, spirituel, aimant et souverainement bon.

Alors, dans le but de consolider l'édifice vermoulu du paganisme, fut inventée une sorte de Philosophie religieuse, amalgame bizarre des spéculations abstraites des Grecs et des emblèmes mythiques de l'Orient.

Pour mieux supplanter le Christianisme qui tendait à la domination universelle des esprits dans la catholicité du temps et de l'espace, elle embrassait à la fois tous les systèmes précédents, de façon à réconcilier entre eux une foule d'ennemis séculaires : pythagoriciens, stoïciens, platoniciens, aristotéliciens, mages de la Perse ou des Indes, prêtres de l'Égypte, théurges et nécromanciens de tous les âges et de tous les pays.

Ce curieux assemblage de tant d'éléments hétérogènes, étonnés de se rencontrer ensemble, fut appelé le *néo-platonisme*, parce que les principaux de ses fondateurs, ou de ses représentants, avaient des sympathies particulières pour Platon, et professaient pour lui une espèce de culte.

Parmi eux, nommons surtout Plotin, né au commencement du IIIe siècle de l'ère chrétienne, à Lycopolis, en Égypte. Après lui vinrent Porphyre, plus violent que son maître, et Jamblique plus magicien et théosophe. Celui-ci, par ses prestiges, fit un plus grand nombre d'adeptes, mais il eut des successeurs moins illustres jusqu'à Julien l'Apostat.

Du vivant de ce prince, le néo-platonisme, qui, sous Constantin le Grand, avait subi une éclipse, eut un regain de vigueur. Néanmoins , ce nouvel éclat ne dura pas longtemps. Le système rentra bientôt dans l'ombre pour ne plus en sortir ; il disparut définitivement, vers le commencement du VIe siècle, avec Proclus, son dernier champion.

Sous des dehors presque innocents, l'École néo-platonicienne était le contre-pied radical du Christianisme, quoique, pour mieux dissimuler son jeu, elle lui eût emprunté plusieurs points de doctrine.

L'Évangile est le livre de la bonne nouvelle, c'est-à-dire celui qui nous parle de l'union ineffable de l'Infini avec le fini. Le néo-platonisme se résume, lui aussi, dans une union : celle du fini à l'Infini. Il n'y a que les termes de déplacés : le premier est mis au second rang, et le second devient le premier.

— Qu'importe, dira-t-on ? N'est-ce pas la même chose ? — Il s'en faut de beaucoup : cette ressemblance cachait un piège. Avec la meilleure intention du monde, bien des esprits pouvaient s'y laisser prendre ; car, malgré sa subtilité, l'erreur était colossale.

Selon le dogme chrétien, l'union de l'Infini avec le

fini se consomme par le Verbe incarné ; selon le néo-platonisme, au contraire, l'union de l'homme à Dieu s'opère par la contemplation intellectuelle.

Quand celle-ci ne suffit pas (comme cela arrive trop souvent), on doit recourir à la magie, moyen infaillible et souverainement efficace. C'est par là que le néo-platonisme évolua vers le mysticisme, la ca-bale, l'occultisme et la théurgie.

Cette hérésie philosophico-religieuse, avec des at-taches, secrètes d'abord, puis de plus en plus avouées, aux pratiques diaboliques usitées de temps immémo-rial dans les temples païens, se couvrait pourtant du nom si respecté du divin Platon.

C'est par ce grand penseur qu'une nuée de sophis-tes attaquaient la religion du Christ ; c'est par lui aussi, que, proportionnant le remède au mal, les Pères de l'Église entreprirent de défendre et de jus-tifier leur Foi.

Voilà pourquoi, pendant plusieurs siècles, ils fu-rent, pour la plupart, platoniciens.

Ils ne puisèrent pas dans Platon, comme on les en a faussement accusés, les articles essentiels de leur symbole : l'unité de Dieu, son immatérialité, sa spi-ritualité, la trinité des personnes, la notion du Verbe, la création du monde, l'idée d'une rédemption géné-rale (car si le judaïsme attendait le Messie, le paga-nisme y aurait pensé (1), quoique bien vaguement, peut-être).

(1) Ackermann, *Le Christianisme dans Platon et la Philoso-phie platonicienne*. Hambourg, 1835. Ce livre fut réfuté par Baur,

Mais ils se servirent de Platon pour exposer scientifiquement la Théologie, en affirmant que l'on trouvait des germes des vérités chrétiennes dans l'enseignement du fondateur de l'Académie.

Leur but fut de montrer aux philosophes que le Christianisme, même comme religion révélée, n'est pas opposé à la raison. Bien plus : il est fait pour elle ; il la suppose ; il s'y rattache ; il se fonde sur ses données, puisque les motifs de crédibilité, qui commandent la Foi, sont d'ordre purement humain.

La raison, par ses seules forces, est apte à découvrir un certain nombre de vérités appartenant à la religion naturelle. Tous les peuples en ont connu quelques-unes, mais il y a eu entre eux, sous ce rapport, de notables différences, suivant leur caractère national, leur éducation, le milieu où ils se sont trouvés, leur rôle historique, etc.

Le Christianisme ayant une liaison avec ces vérités religieuses d'ordre naturel qu'il reconnaît et confirme, rien n'empêche de dire qu'il y a des éléments chrétiens dans toute Philosophie digne de ce nom, serait-elle païenne par son origine et par ses adhérents.

Ces éléments chrétiens seront néanmoins plus nombreux et plus sensibles, dans les systèmes philosophiques émanant d'hommes dont l'intelligence s'est le plus épurée et fortifiée dans la recherche labo-

Le Christianisme du Platonisme, ou *Socrate et le Christ,* Tubingue, 1837.

rieuse et impartiale de la vérité. C'est là précisément le privilège de la Philosophie de Platon.

Mais si la raison humaine arrive par elle-même à connaître certaines vérités religieuses, elle n'est pas capable, dans son état actuel, de les découvrir toutes.

Depuis la chute originelle, en effet, ses lumières ont été obscurcies, et ses énergies diminuées ; dans ses investigations, elle s'arrête fatalement en deçà des limites qu'elle pourrait naturellement atteindre, si elle n'était profondément blessée. Par suite, une Révélation devient moralement nécessaire pour suppléer à cette insuffisance native; elle est même absolument indispensable dans l'hypothèse que le Créateur ait voulu élever l'homme à un état surnaturel, comme il l'a fait vraiment. Mais ici la Philosophie platonicienne reste manifestement incomplète : il lui est interdit de franchir le seuil de la Révélation, quoiqu'elle en suppose la possibilité, et qu'elle y dispose ses adeptes.

Dans l'intérêt des esprits cultivés, les Pères de l'Église, pendant les premiers siècles, se servirent donc de la Philosophie platonicienne, comme d'une sorte de pont, pour les faire passer des vérités naturelles aux réalités supérieures. Ils montrèrent, comment la doctrine de Platon, dans ce qu'elle a de meilleur, est conforme à l'Évangile ; et comment, lorsqu'elle s'en écarte, elle témoigne de sa propre imperfection et de ses profondes lacunes.

Ils atteignaient ainsi un double but. D'abord, ils

rendaient les dogmes chrétiens acceptables à l'intelligence, non pas en expliquant les mystères de la Foi, ce qui est impossible ici-bas, mais en établissant que ces mystères, s'ils vont au delà de la raison, ne lui sont pas contraires. Ensuite, ils prouvaient que la vraie Philosophie, même la plus sublime, comme celle de Platon, a besoin d'une Révélation divine et l'appelle de tous ses vœux.

Au-dessus de Platon, bien différents de ses œuvres et de sa doctrine, se trouvaient donc l'Évangile et les Livres Saints.

Cette méthode, on ne peut le nier, produisit des résultats heureux. Parmi les convertis du platonisme, il nous suffira de citer saint Justin, l'un des plus anciens apologistes, et saint Augustin, l'un des plus grands génies de l'humanité.

Dans une des plus belles et des plus touchantes pages de ses *Confessions*, chef-d'œuvre du repentir, le fils de Monique a décrit en termes émus ce qu'il apprit, au sujet de la vérité divine, dans les ouvrages de Platon, et ce qu'il y chercha en vain. Il faut lire, dans le texte même, les accents de sa reconnaissance et les transports de son amour, pour le Dieu, dont la Beauté, toujours ancienne et toujours nouvelle, s'était ensuite dévoilée à lui, malgré les ténèbres d'ici-bas et les tristesses de l'exil (1).

C'est ainsi que Platon, le païen, coopéra réellement à propager l'Évangile et à faire des chrétiens.

Un peu plus tard, ce fut le tour d'Aristote.

____

(1) *Confess.* Libr. VII, cap. 9 et 21.

La civilisation classique de Rome et d'Athènes avait sombré dans la tempête formidable soulevée par les multiples invasions des hordes barbares. Le néo-platonisme y avait perdu ses derniers débris. Avant de s'occuper des besoins purement intellectuels des nouveaux peuples, nés sur les ruines de l'empire des Césars, l'Église devait songer à constituer leur vie politique et sociale. Elle y travailla et y réussit, car c'est elle qui a veillé sur le berceau des nations modernes, et les a éduquées.

Quoique la Philosophie d'Aristote fût, alors, en grande partie du moins, connue en Occident, les Arabes, en pénétrant dans l'Europe, vers le viiie siècle, y apportèrent des traductions nouvelles des œuvres du Stagirite, commentées par eux, quelquefois mal comprises et souvent même interpolées par les Avicenne, les Avicebron, les Avempace, les Averroès, les Algazel, les Alfarabi et autres glossateurs du même genre.

Leur but était, par ce moyen, de battre en brèche le Christianisme dans le domaine de la pensée, pendant que leurs guerriers sanguinaires se ruaient sur les soldats chrétiens.

A l'aide de cette Métaphysique, arrangée à leur manière, ils arguaient contre nos dogmes dont ils essayaient de montrer la prétendue absurdité, en établissant leur opposition aux enseignements d'Aristote. Ce maître incomparable était pour eux le génie suprême, l'oracle infaillible dont il était interdit de s'écarter, sous peine de tomber inévitablement dans les plus grossières erreurs.

Ils attaquaient l'Église par Aristote et ce fut par Aristote que l'Église dut être, alors, défendue.

A la suite du bienheureux Albert le Grand et de saint Thomas d'Aquin, les théologiens du moyen âge entrèrent en lice, soutinrent vaillamment le choc, et remportèrent une victoire complète.

Le caractère des Arabes, il faut l'avouer, s'accommodait assez bien des subtilités de la dialectique grecque. Ils aimaient, eux aussi, à discuter et à ergoter. Aussi avaient-ils dissimulé très habilement, dans l'ensemble de la doctrine d'Aristote, les erreurs fondamentales qu'ils y avaient glissées.

Elles étaient pourtant capitales. Qu'on en juge : négation de la providence divine à l'égard des individus et des sociétés, ou fatalisme aveugle ; éternité de la matière ; doutes et contradictions au sujet de l'immortalité de l'âme, etc.

Le plus illustre de ces musulmans philosophes, Averroès, n'avait pas été le moins remarquable dans ces prodigieux écarts : admettant l'identité numérique de l'intellect pour tous les hommes, il avait rejeté l'existence d'une vie à venir.

En présence de tant d'énormités présentées sous le nom et sous l'autorité d'Aristote, les docteurs chrétiens du moyen âge réagirent fortement. Ils dégagèrent de ce fatras l'œuvre du maître pour l'opposer à ce que les Arabes avaient tiré de leur propre fonds.

Pour cela, il leur avait fallu, de toute nécessité, remonter aux sources. Laissant de côté les traductions mahométanes, très suspectes d'infidélité, ils recherchèrent la doctrine du chef de l'École péripatéticienne, non seulement dans des versions gréco-latines, mais dans le texte original lui-même, l'épurant, le critiquant et l'expliquant par de longs commentaires, avec une grande perspicacité et une étonnante sûreté de jugement.

En corrompant Aristote, les Arabes avaient poussé les moines à l'étudier davantage et à l'approfondir. Leur pseudo-péripatétisme détermina donc, occasionnellement du moins, la fondation du péripatétisme chrétien.

Il y eut, à ce propos, des luttes violentes dans les sphères de la pensée. Nous en trouvons un écho dans l'écrit de saint Thomas, *De unitate intellectûs contra Averroistas*, et dans tous ses autres ouvrages, principalement dans sa *Somme contre les Gentils*. Mais elles aboutirent à la création de la Philosophie scolastico-aristotélicienne, que l'on vit grandir et se constituer de plus en plus vigoureuse au milieu des combats.

Unie intimement à la Théologie par le génie de saint Thomas d'Aquin, elle lui communiqua définitivement une surprenante énergie, et rendit à l'Église d'inappréciables services.

Devenue comme le rempart du Dogme, elle fut, tour à tour, le roc inébranlable contre lequel vinrent échouer les attaques sans cesse renouvelées des hérétiques, et le marteau terrible qui, en retombant sur eux, les écrasa tous. Aussi la prirent-ils en horreur.

Son nom seul avait le privilège de les mettre en furie, et ils s'efforcèrent de la dénigrer de toutes manières. Mais leur exaspération était, dans l'espèce, le meilleur des éloges.

Luther lui-même le lui décerna, un jour, dans sa colère. On connaît cette exclamation échappée de ses lèvres, après une de ses plus mémorables reculades : Délivrez-moi de Thomas d'Aquin, et je vous délivrerai de l'Église : *Tolle Thomam, et tollam Ecclesiam !*

L'éclosion et la floraison de la Philosophie scolastico-aristotélicienne fut donc un événement historique d'une portée immense. C'était la continuation de la victoire du Christianisme sur le paganisme ancien. Après avoir triomphé dans le monde politique et social, l'Église poursuivait sa marche glorieuse dans la sphère intellectuelle.

Une fois de plus, elle montrait de la façon la plus péremptoire que le Christianisme était conforme à la raison, et pouvait, par suite, admettre utilement dans son sein les produits les plus élevés du paganisme : la Métaphysique du Stagirite, comme l'Idéalisme de Platon.

D'autre part, la Philosophie naturelle avait gagné beaucoup à son union intime avec la Théologie. Son regard avait embrassé des horizons plus vastes ; ses ailes s'étaient fortifiées et l'avaient soulevée dans un vol puissant : elle avait atteint sans défaillance une hauteur à laquelle, autrefois, elle eût vainement aspiré.

Aristote que les Arabes avaient voulu tourner contre le Christianisme, était donc, grâce aux théologiens du moyen âge, devenu l'un de ses plus fermes soutiens.

De nos jours, le paganisme rajeuni s'est, de préférence, appuyé sur les savants pour faire la guerre à l'Église. Que de fois, et sous combien de formes, n'a-t-on pas répété que la Science avait démontré l'inanité de la Religion !

On a voulu excommunier Dieu, en quelque sorte, et on a prétendu tout expliquer sans lui. Au fond, on n'a rien expliqué. La Science, au contraire, par ses progrès successifs, a fourni des preuves de plus en plus saisissantes de l'existence d'un Créateur omnipotent, distinct de la matière, éternel et infini.

En ces dernières années, on a mené grand bruit autour de l'hypothèse cosmogonique de Laplace, quoique plusieurs découvertes subséquentes, en venant la contredire sur bien des points, aient révélé chez elle de profondes lacunes et de capitales erreurs. L'auteur de la *Mécanique céleste* avait, dit-on, rendu compte de l'origine et de la formation de l'Univers par la seule notion du mouvement. Même on lui prêtait une profession formelle d'athéisme.

Après avoir lu son *Exposition du système du Monde*, Napoléon Bonaparte aurait émis la réflexion suivante devant l'illustre astronome : « Newton a parlé de Dieu dans son livre ; mais, je ne l'ai pas trouvé une seule fois nommé dans le vôtre. » A cette remarque Laplace aurait répondu : « Citoyen, premier Consul, je n'ai pas eu besoin de cette hypothèse. »

Racontée dans ces termes, l'anecdote ferait de Laplace un athée ; mais, ainsi présentée, elle n'est pas exacte.

Voici ce dont il s'agissait. Newton, après avoir étudié les perturbations séculaires des planètes, avait pensé qu'elles étaient de nature à compromettre, peu à peu, la stabilité du système solaire. A son avis, Dieu était obligé d'intervenir, de temps en temps, pour remettre les choses au point et empêcher la machine du monde de se détraquer.

C'était là une pure hypothèse. Elle provenait d'une vision incomplète de la vérité. On n'avait pas encore parfaitement résolu le problème si complexe, dont l'objet est le calcul des forces perturbatrices qui apportent de si nombreuses variations à la marche elliptique des planètes et de leurs satellites.

Quand, par une analyse mathématique des plus profondes, Euler, Laplace et Lagrange eurent complété l'œuvre de Newton, et placé sous la loi de la gravitation universelle des faits qui, jusqu'alors, avaient paru s'y soustraire, l'œuvre admirable du Créateur fut mieux connue et mieux appréciée.

On se convainquit scientifiquement qu'elle était si merveilleusement conçue, et dans de telles conditions de stabilité, que son divin Auteur n'était nullement obligé d'intervenir, de temps en temps, pour en retoucher les rouages et assurer leur jeu. D'où le mot de Laplace : « Je n'ai pas eu besoin de cette hypothèse. »

Mais de là à nier Dieu, il y a un abîme. Cette affirmation du grand mathématicien, loin d'être un aveu d'athéisme est, au contraire, un hommage à l'Intelligence suprême, qui a su si bien combiner toutes choses à l'origine des temps.

C'est en dénaturant sa pensée première que des esprits malveillants ont essayé de se servir de sa théorie mécanique pour éliminer Dieu.

Contre leurs tentatives infructueuses, nous voulons en appeler, à notre tour, au témoignage du fondateur même de la Mécanique, Archimède.

Ce païen déposera, lui aussi, en faveur de la vérité. Il ne sera pas hors de propos de l'invoquer ici, car, dans l'espèce, son autorité est incontestable.

Quoique disparu de la terre depuis plus de deux mille ans, cet homme incomparable s'était, en effet, élevé si haut, sur les ailes du génie, qu'on se demande encore, non sans motif, si les savants, venus après lui, ont réussi à le surpasser.

VIE ET TRAVAUX D'ARCHIMÈDE

I

Ses recherches sur l'Infini par les propriétés des nombres.

Né à Syracuse, en 287 avant Jésus-Christ, Archimède était de sang royal, étant parent du roi de Sicile, Hiéron.

Comme les plus anciens géomètres et philosophes grecs, il visita l'Égypte et y fit un assez long séjour. Les prêtres de la terre des Pharaons étaient, depuis longtemps, regardés comme les dépositaires du savoir. Pour achever leurs études, les Grecs se rendaient alors en Égypte, comme plus tard les Romains se rendirent en Grèce.

Dans la suite, à mesure que le centre de la civilisation se déplaçait vers l'occident, Rome attira autour de ses chaires l'élite de la jeunesse de toutes les nations ; puis, ce fut Paris, en attendant que ce soit New-York, ou quelque autre grande ville du Nouveau-Monde.

Si, sous le ciel de l'Égypte, Archimède acquit quelque connaissance nouvelle, cette contrée dut beaucoup aussi à son esprit inventif. Il appliqua au dessèchement des marais provenant des inondations du Nil, l'ingénieux appareil appelé, depuis, *la vis d'Archimède*. L'organe principal de cette machine est une *hélice*, de tous points semblable à celle qui sert, de nos jours, à la propulsion des vaisseaux.

Son séjour à Alexandrie lui procura des relations précieuses avec des savants d'un vrai mérite. Nommons, entre autres, le géomètre Dosithée, auquel il dédia plusieurs de ses remarquables ouvrages (1), et l'astronome Conon, originaire de Samos, dont il fut, assure-t-on, le disciple.

Aucun ouvrage de celui-ci ne nous est parvenu ; mais, ce serait assez pour sa gloire d'avoir formé un tel élève. Archimède en faisait un grand cas ; bien des fois, dans ses lettres, il exprime ses regrets de la mort de Conon, qui, à son avis, s'il eût vécu davantage, aurait considérablement reculé les bornes de la Géométrie (2).

A son retour à Syracuse, il s'établit à la cour du roi Hiéron, son parent, son ami et son admirateur. Ce prince lui offrit les emplois les plus lucratifs et les plus honorables. Archimède, très peu ambitieux, comme le sont les savants de premier ordre, refusa tous ces avantages, pour se consacrer uniquement au culte de la Science, sa seule joie et sa seule passion.

Il eut, du moins, le loisir de s'y livrer entièrement.

---

(1) *De la Sphère et du Cylindre ; des Conoïdes et des Sphéroïdes ; des Hélices ; de la Quadrature de la Parabole.*
(2) *Préface du Traité des Hélices.*

C'est là un bonheur dont plusieurs génies furent privés, vu le milieu dans lequel les placèrent les nécessités de la vie. Pour lui, débarrassé des soucis de l'existence, il fut libre de s'absorber dans ses profondes méditations.

D'après Plutarque, elles lui faisaient oublier de boire et de manger. Quand il allait au bain, il traçait sur le sable, ou sur ses membres frottés d'huile, des figures de Géométrie, afin de poursuivre la solution des problèmes difficiles qui le préoccupaient.

En Arithmétique, il compléta la numération des Grecs. Avant lui, elle ne s'étendait pas au delà de dix mille. A ce propos, il découvrit, comme en se jouant, la théorie des logarithmes.

Les beaux esprits d'alors se lançaient de mutuels défis, souvent sur des questions oiseuses. Ils se demandaient, par exemple, si l'on pourrait calculer le nombre de grains de sable dont se compose le globe terrestre.

Beaucoup répondaient négativement ; ils croyaient ce nombre incommensurable, ou mieux infini.

En cela, ils ressemblaient aux matérialistes de notre époque, qui, refusant leurs hommages au vrai Dieu, adorent le Dieu-Nature, et disent infini le nombre des étoiles constituant les immenses nébuleuses dont le ciel physique est parsemé.

Archimède se moqua d'eux. Pour leur faire toucher du doigt l'absurdité de leur opinion à ce sujet, il composa un petit livre, intitulé l'*Arénaire*, et l'adressa au roi Gélon, fils de Hiéron. Il y montrait, avec la clarté de l'évidence, que le nombre infini ne saurait être réalisé dans les êtres limités, fussent-ils légions de légions.

Dans ce but, par une méthode des plus simples, quoique des plus rigoureuses, il calcula non seulement le nombre de grains de sable composant le globe terrestre, mais, de plus, celui qui serait nécessaire pour remplir une sphère dont la Terre serait le centre, et dont la circonférence s'étendrait jusqu'à l'orbite du Soleil.

L'illustre géomètre attribuait au méridien terrestre une longueur de trois cents myriades de stades environ, le stade valant cent vingt-cinq pas. Le diamètre du Soleil lui paraissait être trente fois celui de la Terre ; enfin, il donnait à la sphère ayant la Terre pour centre et l'orbite du Soleil pour limite, un diamètre d'environ cent myriades de myriades de stades.

Il possédait ainsi tous les éléments de calcul, pour évaluer le nombre de grains de sable contenus dans cette sphère immense. Mais, pour un nombre aussi colossal, la numération si restreinte des anciens Grecs n'était pas suffisante. Il fallait évidemment la compléter.

Archimède y travailla. Son système, malgré quelques irrégularités, est des plus ingénieux.

Prenant la numération là où elle s'arrêtait, c'est-à-dire à la première myriade, il considéra celle-ci comme unité, et la répéta dix mille fois. Il eut ainsi le carré de la myriade, ou 100.000.000 d'unités simples.

Il appelait nombres premiers ceux qui vont jusqu'à cette première myriade de myriades. Celle-ci, à son tour, devenait l'unité des nombres seconds, qui comptaient les myriades de myriades, ou myriades carrées. Les nombres troisièmes servaient pour les myriades à la troisième puissance, et il poursuivait ainsi jusqu'aux nombres huitièmes.

Ces huit ordres de nombres, ou, si l'on veut, ces huit puissances de myriades, formaient la première période, nommée aussi *octade*.

La seconde période était conçue d'une manière identique. L'unité de ses nombres premiers était le nombre le plus élevé de l'octade précédente. Elle avait aussi ses nombres seconds, troisièmes..... et huitièmes, après lesquels commençait la troisième période, et ainsi de suite, indéfiniment.

Archimède trouva que le nombre de grains de sable contenus dans la sphère étudiée, ne monterait pas à mille unités des nombres septièmes. Certes, ce n'était point là l'infini.

Mis en goût par ce premier résultat, il chercha, de même, le nombre de grains de sable renfermés dans une sphère ayant la Terre pour centre et s'étendant jusqu'aux étoiles fixes. Le nombre devait être prodigieux, ce semble ; mais cependant il s'élevait, à peine, aux unités du soixante-quatrième terme de son échelle numérique.

Evidemment, ce n'était point là encore l'infini. Il y avait dans cette démonstration rigoureuse de quoi confondre assurément ceux qui jugent des grands nombres par l'imagination.

Si l'on est en droit de reprocher à cette nomenclature du géomètre grec une complication inutile provenant de l'introduction des périodes ou octades, qui rompaient la régularité de la succession des séries ordonnées les unes par rapport aux autres, on ne pourrait cependant l'accuser de manquer de valeur : elle renferme en germe le principe de la théorie des logarithmes.

Malgré ses imperfections, elle porte donc l'empreinte incontestable du profond génie d'Archimède.

Au lieu de calculer directement le nombre de grains de sable contenus dans la sphère proposée, l'auteur de l'*Arénaire* se contente de fixer dans quel rang se trouvent les plus hautes unités de ce nombre : c'est, en réalité, chercher la partie entière du logarithme de ce nombre. Sa numération, en effet, est une progression indéfinie de termes continuellement proportionnels à partir de l'unité.

II

Introduction de la considération de l'infini dans la Géométrie élémentaire.

En Géométrie, Archimède découvrit le rapport numérique de la circonférence au diamètre. Ses devanciers avaient essayé de résoudre ce problème par des moyens empiriques, en divisant mécaniquement le diamètre en un certain nombre de parties, et en voyant combien de fois ces parties pouvaient être appliquées sur le contour de la circonférence.

C'étaient des tâtonnements sans fin. Un procédé aussi rudimentaire ne pouvait évidemment conduire qu'à des *à peu près,* pour l'évaluation de deux valeurs, qui, comme celles-ci, n'ont pas de commune mesure, à moins que la mesure employée ne soit infiniment petite.

A ces opérations mécaniques, ne répondant nullement aux besoins de la Science, Archimède substitua une méthode abstraite, incomparablement plus puissante. Dans son *Traité de la Mesure du Cercle,* il envisagea, le premier, la circonférence comme la limite vers laquelle tendent les périmètres de deux polygones réguliers, l'un inscrit et l'autre circonscrit, dont le nombre des côtés augmente indéfiniment.

Ces deux périmètres doivent évidemment converger l'un vers l'autre, en se rapprochant constamment, au point que leur différence soit susceptible de devenir moindre que toute quantité appréciable.

Ils arriveraient ainsi à se confondre pratiquement avec la circonférence, car, devenus égaux, ils ne pourraient l'être sans égaler, en même temps, le cercle enveloppé par eux.

C'était une idée géniale que d'enserrer ainsi une igne courbe entre deux figures rectilignes parfaitement mesurables, et de la presser, pour ainsi dire, au dedans et au dehors.

Par ce moyen, on serait à même de déduire logiquement, des propriétés bien connues des polygones,

celles du cercle ou d'autres courbes, les lois des surfaces et des volumes pour les figures curvilignes,
etc.

Ce procédé fut appelé *méthode d'exhaustion (ex-
haustio,* épuisement,) parce que, à l'aide de ces frac-
tionnements successifs des côtés, on arrive à *épuiser,*
pour ainsi dire, l'intervalle séparant les deux polygones et renfermant la courbe.

Pratiquement la méthode est d'une absolue rigueur.
Les résultats auxquels elle conduit furent, dans la
suite, confirmés par le Calcul infinitésimal, bien
plus exact et mieux outillé.

Mais théoriquement elle l'est beaucoup moins. En
effet, une différence entre deux quantités peut dimi-
nuer sans cesse, sans que l'on soit autorisé à con-
clure, de ce fait, qu'elle doit nécessairement s'annihi-
ler, à la fin. Entre l'infiniment petit et le néant, il y a
toujours un abîme.

Puis, en considérant une ligne courbe, comme un
polygone d'un nombre infini de côtés infiniment
petits, mais rectilignes, on commet évidemment une
erreur : une ligne droite n'est jamais courbe, quelque
petite qu'on la suppose.

L'innovation d'Archimède n'en fut pas moins
d'une importance extrême. Elle lui permit de trouver,
avec une approximation suffisante, ce qu'on avait
cherché en vain avant lui.

Partant de l'hexagone, il calcula successivement les
périmètres des polygones inscrits et circonscrits
de 6, 12, 24, 48 et 96 côtés. Ces opérations lui don-

nèrent pour le rapport de la circonférence au diamètre, ou π, une valeur égale au triple du diamètre,
augmenté d'une portion du diamètre plus petite que
les 10/70 et plus grande que les 10/71 de ce même
diamètre (1). En d'autres termes, cette valeur est
comprise entre 3 10/70 (chiffre trop fort) et 3 10/71
(chiffre trop faible).

Exprimée en décimales, elle revient à 3, 1428. Elle
comporte une erreur, en plus, de treize dix-millie-
mes.

Plus tard, mais longtemps après, à la fin du xvi^e
siècle, c'est-à-dire près de deux mille ans après le
grand géomètre de Syracuse, Adrien Métius, pour-
suivant ces mêmes calculs, obtint pour π la fraction
355/113 ou 3, 1415920. Cette expression ne manque
d'exactitude qu'à la septième décimale, avec une erreur de deux millionièmes en moins.

Le rapport de la circonférence au diamètre étant
un nombre incommensurable ne peut être évalué
que par approximation ; mais rien n'empêche de pous-
ser cette approximation aussi loin que l'on veut.
Archimède aurait pu continuer : il ne le fit pas, n'en
voyant pas la nécessité. Comme il n'y a pas de nombre capable d'exprimer cette quantité avec une absolue rigueur, essayer de la calculer lui eût semblé
poursuivre la solution d'un problème absurde.

En introduisant ainsi dans la Géométrie théorique

(1) *De la Mesure du Cercle*, Proposition III.

les recherches des rapports numériques entre des quantités liées, les unes aux autres, par des lois un peu compliquées, Archimède ouvrit une ère nouvelle. Les côtés des polygones réguliers inscrits et circonscrits à un cercle, sont évidemment des cordes et des tangentes à ce cercle ; mais leur rapport au rayon est le plus souvent incommensurable ou irrationnel, n'ayant pas de quotient exprimable en nombre entier ou fractionnaire.

La méthode inaugurée par Archimède devait permettre, plus tard, à ses successeurs de construire les tables des cordes des arcs d'un cercle rapportées au rayon.

Il combla ainsi une lacune des *Éléments* d'Euclide, en fécondant les théorèmes si remarquables de son devancier sur les surfaces et les volumes des corps ronds. En outre, il compléta son enseignement en lui donnant, grâce à son esprit inventif, un développement merveilleux.

Né une trentaine d'années avant lui, en 315, Euclide avait été appelé à Alexandrie par le roi Ptolémée Philadelphe.

Ce prince ne dédaignait pas de venir lui-même assister à son cours, et il se faisait un point d'honneur d'occuper parmi ses disciples un des rangs les plus distingués. Parfois, cependant, il lui en coûtait beaucoup.

Fatigué, un jour, de l'attention soutenue qu'il avait dû prêter aux doctes leçons de son maître, il lui demanda si on ne pouvait pas le conduire à la connaissance de la Science par un chemin plus court et plus facile. — Non, répondit Euclide, il n'y a pas ici de route spéciale pour les rois.

Un courtisan se fût bien gardé de formuler un pareil verdict ; mais Euclide était géomètre, et il n'ignorait pas sa propre valeur.

La postérité, d'ailleurs, a reconnu son rare mérite. Son *Traité de Géométrie* fut, durant deux mille ans, considéré comme un modèle, et, durant cette longue période de siècles, il constitua le manuel obligé de tous les étudiants.

Les propositions, en effet, distribuées un peu au hasard des circonstances dans les écrits de ses prédécesseurs, avaient été arrangées par lui dans un ordre méthodique souvent admirable. Il en avait corrigé les démonstrations et aplani les difficultés. L'argumentation avait gagné en précision et en rigueur, à mesure que l'enchaînement des théorèmes était devenu de plus en plus serré.

Sous ce rapport, il poussa ses scrupules peut-être trop loin. Comme tant d'autres, il eut les défauts de ses qualités. Voulant tout prouver, même les choses les plus évidentes, il ne sut pas toujours éviter la redondance dans les pensées et la prolixité dans le style.

Aussi quelquefois ses raisonnements sont-ils longs et diffus, par conséquent compliqués et difficiles à saisir. Par suite, il impose à l'intelligence certains efforts qu'il aurait pu lui épargner. On retrouve, là, des signes du temps dans lequel il vivait, avec des tendances à la subtilité des sophistes grecs toujours pointilleux.

Mais combien, par ailleurs, il rachète largement ces imperfections ! Les théorèmes sont disposés avec un tel art que les savants modernes ont trouvé peu de chose à changer à l'ordre suivant lequel il les avait placés.

Ce n'est donc pas sans motif que son ouvrage a été universellement regardé comme un modèle. Pendant une vingtaine de siècles, on s'est contenté de le commenter. On l'a traduit dans toutes les langues, même en persan, en arabe et en chinois. Jusqu'à nos jours, il a été pour toutes les écoles le texte obligatoire. On croyait impossible de parvenir à s'en passer.

Même à notre époque, il n'a pas été entièrement éclipsé. Il reste encore la base de tous les ouvrages similaires, à cause de son exactitude et de l'enchaînement méthodique de ses démonstrations.

Mais au grand Archimède était réservée la gloire de le compléter, par ses importantes découvertes au sujet des corps ronds.

Dans son *Traité de la Sphère et du Cylindre*, il consigna ses travaux personnels, et publia ses remarquables trouvailles concernant les divers rapports de ces figures entre elles. Après avoir prouvé que la surface de la sphère est quadruple de celle d'un de ses grands cercles, il examina avec une extraordinaire sagacité les rapports existant entre le cylindre et la sphère. Il en déduisit une foule de propositions capitales qui constituent encore, à l'heure présente, les plus beaux théorèmes de la Géométrie élémentaire.

L'auteur de ces intéressantes découvertes avait le droit d'en concevoir quelque légitime fierté. Dans le but d'en perpétuer le souvenir, il voulut qu'on sculptât sur son tombeau un cylindre circonscrit à une sphère.

A la prise de Syracuse, Archimède, comme on le sait, fut tué violemment par un soldat qui ne le connaissait point. Le vainqueur, Marcellus, dont l'armée tout entière avait été tenue en échec, pendant plus de trois ans, par la seule science de cet homme de génie, avait éprouvé le plus vif regret de sa perte. Se conformant à son désir, il lui fit ériger un petit mausolée, portant sur une colonne cette double figure géométrique.

Un siècle et demi plus tard, pendant sa questure en Sicile, Cicéron fut curieux de savoir si ce monument existait encore. Sous la domination romaine, les habitants de Syracuse avaient tellement négligé l'étude si chère à leur illustre concitoyen, qu'ils n'avaient eu aucun soin de son tombeau. Ils en ignoraient la place, affirmant même qu'il n'en restait aucun vestige.

Cicéron le chercha avec persévérance, et finit par le trouver sous les buissons et les ronces qui l'avaient entièrement recouvert. Ayant fait déblayer le terrain, il put lire un fragment d'épitaphe à demi effacé. La sphère et le cylindre étaient demeurés comme témoins irrécusables. Cicéron donna des ordres pour la restauration de ces modestes ruines ; mais il en fit payer le prix à Archimède lui-même, et un peu trop cher, ce semble.

Racontant ce fait dans ses *Tusculanes*, il se flatte d'avoir rendu à celui qu'il appelle dédaigneusement un homme obscur, *humilem homunculum*, la gloire dont, sans lui, pensait-il, le défunt eût pour toujours été privé (1).

En cela il se trompe, car les livres dans lesquels Archimède relata ses découvertes en ce genre, nous sont heureusement presque tous parvenus, même dans le texte primitif, le texte grec.

Orateur et philosophe, Cicéron professait un certain mépris pour les mathématiciens et les géomètres. Cependant, au point de vue du génie, cet Archimède qu'il s'imaginait orgueilleusement avoir ressuscité, lui était sans nul doute supérieur.

La suite montrera si nous exagérons.

III

Familiarisé avec la considération de l'infini, Archimède fonde la Géométrie transcendante et la porte à un haut degré de perfection.

Nous devons noter maintenant ses bien plus étonnantes découvertes dans le domaine de la Géométrie transcendante. Cicéron n'eût-il pas restauré ce

(1) *Tusculanarum disputationum*, Lib. V, cap. 23.

sépulcre, le nom d'Archimède n'en serait pas moins venu jusqu'à nous entouré de l'auréole d'une gloire immortelle.

L'objet de la Géométrie transcendante s'étend à toutes les lignes courbes d'ordre supérieur, divisées en diverses classes d'après leur forme. Il comprend également toutes les surfaces et tous les volumes dérivant de ces courbes.

Son but spécial est la rectification de ces lignes, la quadrature de ces surfaces et la cubature de ces solides.

Dès lors, elle réclame des secours plus efficaces que ceux de la Géométrie élémentaire. La règle et le compas ne lui suffisent point. Elle doit appeler à son aide l'Analyse algébrique, et souvent le Calcul infinitésimal.

Les principaux ouvrages d'Archimède en cette matière sont: *Des Conoïdes et des Sphéroïdes* ; *Des Hélices* ; *De la Quadrature de la Parabole* ; *Des Corps portés sur un fluide* ; *De l'Équilibre des Plans*. Dans ce dernier, qui paraîtrait appartenir plus directement à la Physique, il s'occupe aussi beaucoup de Géométrie, car, à propos d'Hydrostatique et de pesanteur, il revient à tout moment aux conoïdes.

Ses méditations continuelles et profondes sur la mesure des grandeurs curvilignes, le mirent à même de reculer tellement le domaine de cette partie des Mathématiques, qu'on peut le regarder comme le créateur de cette Science spéciale. A lui revient l'honneur d'avoir posé les fondements sans lesquels il eût été impossible aux savants, venus plus tard, d'élever la Géométrie si haut.

Ses travaux en ce genre ont toujours excité l'admiration ; mais ils ont semblé plus étonnants encore aux modernes qu'ils ne l'étaient à ses contemporains, depuis que l'invention du Calcul différentiel et du Calcul intégral a permis de donner une confirmation éclatante à ses sublimes intuitions.

Il est merveilleux de voir avec quelle habileté consommée Archimède vient à bout des problèmes les plus rebelles. On ne saurait jamais assez admirer, par exemple, avec quel art prodigieux il trouve la réponse à des questions extrêmement compliquées sur le centre de gravité des segments de conoïdes hyperboliques ou paraboliques, et d'autres du même genre pour lesquels les ressources de la Géométrie analytique des modernes ne sont pas de trop.

Le premier, il eut la gloire d'obtenir la quadrature absolue et rigoureuse de la parabole. Il écrivit à ce sujet un Traité spécial plein de vues originales et fécondes, dans lequel son génie brille d'un éclat sans égal.

On aurait peine à supposer que tant de problèmes difficiles, envisagés sous les aspects les plus variés, eussent été résolus, et que tant de théories si complexes eussent été formulées si heureusement par Archimède, s'il n'avait eu à son usage une Algèbre déjà perfectionnée, et dont le secret ne nous a pas été transmis.

Sans le secours du Calcul algébrique, il est extrêmement malaisé et presque impossible de suivre ses raisonnements et de comprendre, parfois, même l'énoncé de ses théorèmes. Que serait-ce pour les découvrir et pour les démontrer ?

Si, privé des moyens de l'Analyse algébrique, Archimède avait été capable d'opérer de pareils tours de force, il serait incontestablement, même parmi les hommes de génie, un être extraordinaire et incomparablement supérieur, un vrai prodige dans l'humanité.

Mais, on a tout lieu de croire qu'il avait à sa disposition une Algèbre dans laquelle il était très versé. Elle lui servait à découvrir analytiquement les propositions ; puis, il les exprimait en langage ordinaire, dans la crainte de n'être pas compris. Obligé alors, vu l'absence de signes abréviatifs, d'employer des phrases d'une étendue démesurée, il était nécessairement obscur dans son exposition.

Plusieurs choses, cependant, confondent le lecteur assez courageux pour étudier les ouvrages d'Archimède et en pénétrer le sens. Ce sont d'innombrables exemples d'une surprenante sagacité et d'une habileté sans pareille pour tourner les difficultés, même les plus irréductibles en apparence : rien ne l'étonne et rien ne l'arrête.

Aussi Leibniz, qui s'entendait à ces matières, a pu écrire de lui cette phrase caractéristique : « Celui qui est en état de comprendre Archimède, admirera beaucoup moins les inventions des hommes éminents dans les temps modernes (1).»

(1) Qui Archimedem intelligit, recentiorum summorum virorum inventa parcius mirabitur.— *Leibnitii opera*, Genovæ. Tom. V, p. 460.

Comment en serait-il autrement ? Après vingt siècles de travaux et de perfectionnements apportés par les nouvelles générations à cette Science qu'il posséda à un si haut degré, les esprits les plus profonds rencontrent encore des difficultés réelles dans son *Traité des Hélices.*

Il y établit sur les propriétés des spirales, courbes regardées aujourd'hui comme transcendantes, et dont il avait su mesurer les surfaces et mener les tangentes, des propositions d'un ordre fort élevé. C'est à tel point que Boulliau, astronome distingué du xvii° siècle, fervent admirateur de Copernic et géomètre de valeur, avouait n'y rien comprendre. Viète, lui-même, le croyait faux ; mais en cela il se trompait, car toutes les propositions en ont été démontrées vraies ensuite, par le Calcul différentiel et le Calcul intégral.

Ces ouvrages sont donc une preuve incontestable de l'extraordinaire génie de leur immortel auteur. On ne saurait trop le louer d'avoir discuté tant de questions ardues avec une telle rigueur et une telle exactitude, que les procédés modernes si puissants de l'Analyse infinitésimale aient pleinement confirmé ses résultats.

Ses sublimes intuitions lui permirent de parsemer ses nombreux écrits d'une foule de propositions remarquables, vrais jets de lumière. Elles concernent non seulement l'Algèbre ordinaire et la Trigonométrie, mais encore les Mathématiques transcendantes, la Géométrie analytique et le Calcul infinitésimal.

Toutes ces diverses branches du savoir humain ont leur germe chez lui. Déjà même elles y acquièrent un magnifique épanouissement et une merveilleuse floraison.

Sans aucun doute, il a dû employer fréquemment des procédés analogues à ceux qui font la gloire et la force de la Science actuelle. La considération de l'infini mathématique lui était familière, et on le voit, dans bien des cas, mettre en acte les infiniment petits.

Mais, satisfait de la beauté de ses découvertes en Géométrie, il travailla principalement à en augmenter le nombre, sans se soucier de réduire en un corps de doctrine les procédés constituant la méthode dont il se servait. Il ne songea pas à s'occuper d'elle pour elle-même, comme si elle eût été une Science à part, digne de son attention. Prenant son essor comme l'aigle et n'étant jamais embarrassé pour surmonter un obstacle, il s'inquiétait peu des règles à suivre ; il planait trop haut pour en sentir la nécessité.

S'il eût consenti à faire de l'Algèbre une Science indépendante des cas concrets à laquelle il l'employait constamment ; s'il eût daigné en devenir le législateur (et il lui suffisait de le vouloir) ; depuis deux mille ans, suivant toute probabilité, le Calcul intégral aurait été découvert.

Les inventeurs n'en eussent pas été Leibniz ou Newton, mais Archimède, ou Apollonius de Perga, son plus illustre successeur.

Les contemporains ont surtout apprécié le mécanicien dans Archimède. Ils ne tarissaient pas d'éloges au sujet des prodigieuses machines conçues et construites par lui, principalement de celles qu'il avait imaginées pour défendre la ville de Syracuse, assiégée par les Romains.

Meilleur connaisseur, Archimède estimait plus ses découvertes en Géométrie que ses inventions mécaniques. A cet égard encore, la postérité lui a donné raison.

CHAPITRE III

———

I
Plus fort qu'une armée !

Les appareils mécaniques imaginés par Archimède pendant la première période de sa vie, quoique très remarquables, n'avaient été pour lui que de pures distractions et de simples jeux, exécutés dans ses moments de loisir, pour plaire au roi Hiéron. Il en fut autrement quand Syracuse, assiégée à la fois par terre et par mer, se vit investie de tous côtés par les Romains et menacée d'une ruine imminente.

Leur armée, avec ses nombreuses légions sous le commandement d'Appius, campait non loin des fortifications de la ville infortunée ; en même temps, le consul Marcellus enfermait le port dans un cercle infranchissable d'une soixantaine de galères à cinq rangs de rames, navires les plus considérables d'alors. En outre, huit vaisseaux, solidement liés ensemble, portaient, comme sur un vaste pont, une formidable machine de guerre, espèce d'immense bélier destiné à ébranler, du côté de la mer, les remparts de la cité.

De l'avis de tous, Syracuse, incapable de résister

longtemps à des ennemis aussi bien outillés, devait succomber dans un avenir très prochain. L'épouvante régnait dans ses murs, et les Romains, fiers de leurs préparatifs, étaient pleins de confiance.

Mais les uns et les autres avaient compté sans Archimède. Devant ce danger si pressant de sa patrie, il fit appel à son génie inventif. Seul, pendant plusieurs années, grâce aux machines construites d'après ses plans, et dont il dirigeait lui-même la manœuvre, il tint tête au flot des envahisseurs.

Les vieux historiens, Polybe, Tite-Live, Plutarque, Diodore, etc., ont parlé avec stupéfaction de ces engins terribles. Mais, étrangers aux Sciences, ils n'en ont donné que des descriptions incomplètes, qui nous apprennent fort peu de chose sur leur mécanisme et leur composition précise. Ils se sont bornés à nous en décrire les effets destructeurs. Sous ce rapport, ils n'ont qu'une voix, et, la tradition étant unanime, on peut les en croire.

Écoutons Plutarque dans sa *Vie de Marcellus* :

« L'armée de terre était assaillie par une grêle de traits de toutes sortes, et par des pierres énormes, lancées avec une incroyable impétuosité. Elles renversaient tout sur leur passage et portaient le désordre dans les rangs. »

C'était une véritable fusillade sans bruit et une formidable artillerie silencieuse, car nous ne prétendons pas que la poudre sans fumée fut connue d'Archimède ; mais les décharges se succédaient presque sans interruption, et le tir était réglé avec une justesse parfaite.

Que l'ennemi s'avançât ou reculât, il restait exposé aux coups meurtriers d'un adversaire invisible, qui lui tuait beaucoup de monde, et auquel il ne pouvait causer aucun mal.

Quant à la flotte, elle n'était pas moins à plaindre. Tantôt, d'énormes poutres, apparaissant à l'improviste au sommet des murailles, s'abaissaient subitement sur les galères avec une telle force que, vu leur masse et la vitesse de leur chute, elles compromettaient l'équilibre des navires, les faisaient chavirer et les coulaient à fond. Tantôt des mains de fer, ou des becs de grue, saisissaient ces pauvres bateaux, les soulevaient, la proue en l'air et la poupe en bas ; puis, les laissant brusquement retomber par leur propre poids, les engloutissaient dans l'abîme, ou les brisaient contre les écueils et les pointes de rochers dont le pied des murs était bordé.

Ce terrifiant spectacle se renouvelait presque à chaque instant. Les vaisseaux s'entre-choquaient avec violence, tournaient et pirouettaient, lançant dans l'espace ou dans la mer, comme l'aurait fait une fronde, les hommes de leur équipage.

La grande machine sur laquelle Marcellus avait fondé son principal espoir n'était pas restée longtemps entière.

Dès qu'elle avait fait mine de s'approcher des remparts, Archimède avait dirigé contre elle une gigantesque catapulte. Une énorme pierre du poids de dix talents (plusieurs centaines de kilogrammes) était aussitôt tombée sur elle avec fracas, et avait ébranlé toute sa charpente ; puis, un second projectile de la même grosseur, un troisième et plusieurs autres étaient venus continuer l'œuvre de destruction, jusqu'à ce que la *sambuque* (ainsi s'appelait ce bélier) eût été réduite en miettes. Les huit vaisseaux qui la portaient sur leur pont n'avaient pas été moins maltraités.

Quand les navires s'éloignaient au delà de la portée des traits, Archimède se servait d'un ensemble de miroirs mobiles autour de charnières, pour concentrer sur eux les rayons du Soleil, et les incendier ainsi malgré la distance.

Marcellus ne savait plus quel parti prendre. Pour ranimer le courage de ses soldats abattus, il essayait parfois du ton de la plaisanterie : « Ne cesserons-nous donc pas de guerroyer contre ce géomètre, qui manie nos vaisseaux énormes comme des coupes à puiser de l'eau ? A-t-il donc cent bras pour jeter à la fois tant de traits contre nous ? »

Mais cela ne rassurait point les Romains. Dès qu'ils voyaient surgir au-dessus des murs un morceau de corde ou l'extrémité d'une poutre, ils s'enfuyaient épouvantés, en s'écriant : « Ç'est encore quelque machine d'Archimède (1). »

Dans ces récits, il y a peut-être quelque exagération ; mais tout n'est pas supposé. L'armée assié-

______

(1) Plutarque, *Vie des hommes illustres* (Marcellus). Tite-Live, *Histoire*, Liv. XXIV, chap. 34.

geante fut certainement retenue pendant trois ans sous les murs de Syracuse, et le général romain Marcellus attribua bien au seul Archimède ce long échec de ses soldats.

On s'empara de la ville, mais par surprise, en escaladant une des tours qui était mal gardée, pendant que les habitants célébraient en grande solennité une fête de Diane, et passaient la nuit dans les plaisirs et les festins. Quant à Archimède, il s'occupait d'un problème de Géométrie.

II

Ce qu'il faudrait pour soulever la Terre et l'Univers. Curieux calculs.

Si la vis et la poulie ne sont pas des inventions d'Archimède, il conçut, du moins, l'idée de la vis sans fin et des moufles, ces combinaisons de poulies à l'aide desquelles on peut, sans trop d'efforts, manœuvrer de très grands fardeaux.

Persuadé de la puissance de ses machines, il assurait au roi Hiéron qu'il se chargeait, à lui seul, de mouvoir les masses les plus considérables.

Le roi surpris voulut mettre à l'épreuve ce pouvoir auquel il attribuait, dans sa pensée, des limites relativement restreintes. Il possédait, dans le port de Syracuse, des galères d'un fort tonnage, car le commerce était très actif entre les Siciliens et les Carthaginois. Il fit tirer à terre la plus grande, en mobilisant dans ce but toute une armée de travailleurs. L'ayant chargée plus que d'ordinaire, et y ayant en·assé autant d'hommes qu'elle pouvait en contenir, il défia le géomètre de remuer ce poids gigantesque.

Archimède sourit. Il amena sur les lieux une de ses machines, sorte de cabestan, ou de treuil perfectionné. Après l'avoir relié à la galère par des cordes engagées dans un système particulier de plusieurs poulies, il tourna, comme en se jouant, la manivelle de son appareil. La galère, malgré sa masse énorme, se mit aussitôt à marcher, aussi facilement qu'elle eût fendu les flots d'une mer tranquille, sous la vigoureuse impulsion de ses cinq rangs de rameurs.

Le peuple, témoin de ce prodige, poussa des cris enthousiastes.

Se tournant alors vers le roi stupéfait, Archimède, lui montrant un levier, lui dit avec le calme du génie, sûr de ses affirmations, cette mémorable parole que les siècles nous ont transmise : « Donnez-moi un point d'appui et je soulèverai le monde !... »

Etait-ce là une vaine forfanterie de l'orgueil humain, au moment d'un éclatant triomphe ?... ou bien ces mots étaient-ils l'expression de la vérié ?

Un homme, même armé d'un levier, et trouvant un point d'appui assez résistant, parviendrait-il à soulever le monde ?

En supposant la chose théoriquement possible, elle serait en pratique évidemment irréalisable.

On s'est livré, à ce sujet, à des calculs bien curieux.

La Terre, à elle seule, pèse environ :

5. 875.000.000.000.000.000.000.000 (5. 875 sextillions) de kilogrammes.

Évaluons à 15 ou 20 kilogrammes la masse proportionnée à la force ordinaire d'un homme. Les longueurs des bras du levier devant être en raison inverse des forces agissant à leurs extrémités, si le bras le plus court du levier, supposé inflexible et sans poids, eût été d'un mètre seulement, le bras le plus long aurait dû avoir, en nombre rond, 360 quintillions de mètres.

Pour soulever la Terre d'un décimètre seulement, l'extrémité du bras le plus long aurait eu à décrire un arc de 36 quintillions de mètres, ou de 36 quatrillions de kilomètres.

En faisant de 50 à 60 kilomètres, la course quotidienne d'un homme (et c'est déjà une étape bien suffisante, surtout vu le poids d'une vingtaine de kilogrammes à traîner ou à porter), 20.000 kilomètres auraient été parcourus dans un an, et 2.000.000 dans un siècle.

L'opération aurait donc exigé, à peu de chose près, *dix-huit milliards de siècles !...*

Elle n'aurait pu être menée à bonne fin qu'à la condition d'être successivement confiée à toutes les générations de géomètres et de mécaniciens, depuis l'origine des temps jusqu'à la fin du monde. En outre, la Terre aurait dû complaisamment rester à l'extrémité du petit bras du levier, pour se prêter à cette expérience chimérique.

En réalité, cependant, elle se déplace. Animée d'un mouvement soixante-dix fois plus rapide que celui d'un boulet de canon, elle roule dans son orbite, en dévorant l'espace, avec la fulgurante vitesse de 106.000 kilomètres à l'heure, 2.500.000 en un jour, et de presque un milliard par an.

Par l'effet de son mouvement propre, elle parcourt donc, *en une seconde*, 29 kilomètres, *ou 290.000 fois plus que l'homme ne pourrait lui en faire parcourir, par un travail ininterrompu de dix-huit milliards de siècles.*

Pour la transporter à 29 kilomètres parcourus en une seconde, il faudrait au savant, armé de son levier, 290.000 fois 18 milliards de siècles, c'est-à-dire 5.220 trillions de siècles, ou 522 quatrillions d'années. Il en faudrait 522 milliards à un million d'ouvriers unissant leurs efforts.

Dans cette interminable série de siècles, se trouvent plus de dix mille sextillions de secondes.

Le rapport de la force de l'homme à celle dont la Terre est animée est donc de 1 à dix-mille sextillions.

C'est inconcevable. Ces chiffres ne disent plus rien à l'imagination déconcertée.

Combien l'homme est petit devant ces gigantesques forces de la Nature !

S'il n'était grand par son intelligence et par son âme immortelle, comme il serait peu de chose en présence de l'incompréhensible Univers !

Car les précédents calculs, malgré les résultats

écrasants auxquels ils conduisent, ne sont presque rien auprès de la stupéfiante réalité.

Cette Terre qui nous paraît si vaste et si lourde, n'est qu'un atome dans l'espace. Elle nage au sein de l'océan éthéré, comme les corpuscules microscopiques dans les couches de notre atmosphère.

Et si, pour soulever cet atome seulement d'un décimètre, l'homme demande des siècles par milliards, que serait-ce pour l'ensemble des autres astres dont la masse est incomparablement plus considérable, et dont le nombre, dans les profondeurs insondables du ciel, dépasse celui des grains de sable sur le rivage des mers !

Sous le rapport du volume, Uranus équivaut à 74 Terres, Neptune à 84, Saturne à 700, Jupiter à 1.200, et le Soleil à 1.300.000 environ. Les masses, il est vrai, ne sont pas toujours en proportion des volumes, et elles varient suivant la densité de la matière, mais elles restent toujours, néanmoins, dans un chiffre élevé.

Si dans le système solaire, la Terre n'est séparée du centre d'attraction que par 37 millions de lieues, Neptune, au contraire, gravite à une distance de 1.100 millions de lieues ; mais les limites du système doivent être encore beaucoup plus reculées, si l'on tient compte de l'existence probable de planètes ultraneptuniennes et de la foule des comètes dont les orbites excentriques s'étendent bien au delà dans les abîmes de l'espace.

Le tout constitue une masse effrayante emportée

par le Soleil, dans un mouvement d'ensemble, vers la constellation d'Hercule, avec une vitesse de plus de 200.000 lieues par jour.

Par suite, la Terre, dans sa course rapide, ne repasse jamais par le même point. Tout en décrivant, avec une vitesse de 29 kilomètres à la seconde, une ellipse autour de l'astre radieux qui l'attire, en lui versant sa lumière, elle marche réellement suivant une ligne épicycloïde.

Les autres planètes de notre système décrivent, comme elle et sans fin, d'immenses spires hélicoïdales. Le sillage éthéré tracé par ces navires énormes dans les flots transparents de l'océan céleste, se compose donc d'hélices entrelacées.

Pauvre Archimède ! à quoi te servirait ton levier ?...

Mais ce n'est pas tout.

Le nombre des étoiles connues, jusqu'à la quinzième grandeur, monte à cent millions. Dans le champ des télescopes actuels, chaque étoile visible à l'œil nu est donc remplacée par environ dix-sept mille étoiles. C'est déjà un ravissant spectacle, une féerique illumination.

Si ces instruments augmentaient de puissance, on découvrirait vraisemblablement de nouveaux Soleils. Il en a toujours été ainsi avec les progrès de l'Optique.

Tandis que, pour le vulgaire, le firmament semble, le soir, d'un azur un peu sombre, il se montre, à l'astronome, tapissé, en grande partie, d'une fine poussière brillante de sable d'or.

Un jour peut-être, ou plutôt une nuit, l'œil humain pénétrant plus avant dans ces profondeurs insondables, s'y verra de toutes parts arrêté par l'accumulation des étoiles qui se succèdent indéfiniment au delà de toute limite mesurable.

Alors, il ne rencontrera plus, devant lui, autre chose qu'une nuée lumineuse, semblable à la voie lactée. Seulement elle embrassera le ciel entier, et s'étendra de tous côtés en voûte impénétrable, au lieu de n'y former, comme maintenant, qu'un simple cercle et des taches disséminées.

Or, toutes ces étoiles sont de splendides Soleils, et plusieurs probablement sont centres de systèmes planétaires. Toutes sont animées de mouvements propres vraiment prodigieux.

Arcturus, Soleil énorme, bien plus gros que le nôtre, parcourt plus de 100 kilomètres à la seconde, soit 1.800.000 lieues par jour et plus de 660 millions de lieues par an.

Les belles étoiles Procyon et Sirius possèdent des vitesses à peu près semblables. Sirius, cependant, serait, d'après des calculs sérieux, dix-sept fois plus large en diamètre que notre Soleil et 4.810 fois plus volumineux.

Il y a des étoiles dont le mouvement est tel qu'on a pu l'évaluer à plus de 7 millions de lieues par jour ; la Terre, dans le même laps de temps, en fait à peine 650.000 ; dix fois moins, par conséquent.

Ces astres ne franchissent pas moins d'un *milliard* de lieues par année. Et ce ne sont pas les plus ra-

pides. On connaît des Soleils bien plus lourds, par-
courant plus de 300 kilomètres à la seconde et plus
de deux milliards et demi par an !...

Hommes de génie, oh ! pygmées !.. Inventions de
l'esprit, regardées par des générations entières comme sublimes, oh ! jeux d'enfants !.. Science humaine,
oh ! ignorance ! Orgueil, oh ! folie !

III

Les mondes, l'homme et Dieu.

Quel féerique panorama que ces innombrables
myriades de globes gigantesques, voguant dans toute
les directions possibles au sein de l'immense espace,
avec des vitesses inimaginables !

Le mouvement des astres est à lui seul une mer-
veille capable de plonger dans la stupéfaction la plus
profonde et dans un ravissement inexprimable, celui
qui pourrait en embrasser, à la fois, l'ensemble et
les détails.

Comment ne pas rester muet d'étonnement devant
ces enchevêtrements de courbes et ces combinaisons
mutuelles d'orbites dont le calcul, par notre Algèbre
trop imparfaite, ne nous révèle que les plus simples
et que l'imagination la plus hardie ne peut concevoir !

Qu'elle est magnifique, l'armée innombrable des
cieux !

Les satellites tournent autour des planètes, celles-
ci autour du Soleil, et l'astre du jour emporte le tout

vers la constellation d'Hercule avec une vertigineuse vitesse.

Mais le Soleil gravite-t-il autour d'un centre immobile, ou bien ce centre, en se déplaçant, lui aussi, force-t-il notre astre central et tout son système à parcourir des hélices semblables à celles décrites par nos planètes, mais incomparablement plus gigantesques? Car le Soleil fait partie d'un de ces amas stellaires dont l'agglomération forme la voie lactée.

Tous ces systèmes d'étoiles, agissant les uns sur les autres, sont animés probablement d'un mouvement général dont le plan est vraisemblablement celui de la zon? galactique à laquelle nous appartenons.

Notre Soleil, en effet, n'est qu'un des moindres grains brillants de cette poussière étincelante appelée voie lactée, dont chaque atome est un foyer incandescent et une source puissante de lumière et de chaleur.

Mais qu'est cette voie lactée avec ses millions d'étoiles? qu'est-elle dans l'Univers matériel, sinon une fraction minime de son immensité, un archipel de lumière dans l'océan de l'espace, archipel en marche, lui aussi, et entraînant vers un lieu inconnu toutes les cyclades célestes qui le composent?

Ce mouvement s'arrête-t-il là, et ne reçoit-il point d'autres complications? On l'a constaté, les nébuleuses, que l'on compte par milliers dans les profondeurs sidérales, se rapprochent et s'éloignent successivement, les unes des autres, et quelques-unes sont à de telles distances que leur lumière, malgré sa vitesse de 300.000 kilomètres à la seconde, emploie des centaines de siècles pour parvenir jusqu'à nous !

La pensée se perd dans ces abîmes où la Science la plonge. Ces perspectives, sans limites connues, l'épouvantent. Dans ces mouvements qu'elle ne peut mesurer, elle surprend comme les palpitations de ce grand corps de la Nature qui lui semble doué de vie, car aucune de ses parties n'est en repos.

En eux-mêmes, ces mouvements ne sont-ils pas une manifestation incontestable de la Divinité ? N'y voit-on pas reluire la suprême Sagesse de Celui qui seul a pu les concevoir et les produire ? De toutes les Sciences naturelles, l'Astronomie n'est-elle pas celle qui nous fait le mieux connaître l'immensité de la Création et la force infinie de Dieu ?

Plus que toute autre, « elle nous montre l'empreinte de la main divine et toute-puissante. Les objets qu'elle considère sont d'une grandeur incomparable ; le temps et l'espace, les mouvements et les forces y prennent des proportions inouïes. Si, quelque part, l'homme se sent en présence du divin, c'est bien là, sous les formes les plus palpables et les plus saisissantes. Il aborde ces phénomènes prodigieux avec une sorte de respect et de terreur sainte, qu'on ne sent que devant Dieu.

« Pour trouver un spectacle à la fois plus majestueux et plus touchant, l'homme doit sortir du monde matériel et rentrer dans le monde intelligible et moral, où sa raison et sa conscience lui préparent de plus grands étonnements. Mais, dans les Sciences naturelles, il n'en est pas une qui ose rivaliser avec l'Astronomie et lui disputer le premier rang....

« Plein de reconnaissance pour les enseignements qu'elle nous procure, je la remercie de nous en avoir tant appris sur les œuvres de Dieu. Toutefois je crois qu'à cette première leçon elle peut en ajouter une autre non moins précieuse. Elle apprend à l'homme à se mieux connaître, en même temps qu'il connaît davantage ses rapports avec tout ce qui est infini et éternel.

« Ce n'est pas l'Astronomie, sans doute, qui lui donne le secret de sa destinée ; mais elle lui montre tout ensemble sa petitesse imperceptible, et sa grandeur sans égale parmi les créatures. Elle lui fait sentir, par des mouvements contraires, combien il est loin de Dieu, et combien il est au-dessus de tout ce qui l'environne. Ce sont bien là les deux abîmes qui épouvantaient le génie troublé de Pascal, et qui peuvent en effet nous causer le vertige. Mais l'harmonie éternelle des mondes et la stabilité immuable de leurs lois sont faites pour nous rassurer.

« Celui qui a créé tout cela et qui le maintient, peut d'autant moins abandonner l'homme, que l'homme est le seul être à qui il a permis de le comprendre et de l'adorer. L'homme peut s'en remettre à sa puissance, à sa justice et à sa bonté.

« Laplace, en achevant l'*Exposition du système*

du Monde, s'exprime ainsi : « Le plus grand service de l'Astronomie, c'est d'avoir dissipé les craintes et détruit les erreurs nées de l'ignorance de nos vrais rapports avec la Nature. » On peut être en ceci d'accord avec lui, sans croire beaucoup aux craintes que le spectacle du ciel aurait jadis inspirées aux hommes. Mais, à la Nature, il convient de substituer Dieu ; car nos vrais rapports sont avec lui, parce que nous sommes intelligents et que la Nature ne l'est pas... (1) »

Or, « nier que ce soit l'intelligence qui préside au gouvernement du Monde, ce n'est plus là de l'Astronomie ; et la Philosophie que choque une telle erreur, se doit de la réfuter ; car c'est la question la plus grande et la plus générale de toutes celles qu'elle agite ; une des plus anciennes, qui devrait aujourd'hui n'en être plus une, et qui semble d'autant mieux résolue que la Science des hommes a fait plus de progrès. »

Comment s'en remettre pour la merveilleuse organisation du Monde « à l'aveugle hasard, destructeur de l'ordre dans l'Univers, et destructeur, en outre, de l'intelligence même qui l'adore et qui le déifie ? Au fond, nier Dieu, nier l'Être intelligent, tout-puissant, infini, ce ne peut être qu'un préjugé ou qu'une faiblesse (2). »

Le volume suivant mettra dans une lumière plus vive encore cette importante vérité.

(1) Barthélemy Saint-Hilaire. *Préface de la traduction du Traité du Ciel d'Aristote.*
(2) Idem, *Ibidem.*

TABLE DES MATIÈRES
du Tome Premier.

CHAPITRE I

LES VICTOIRES DE L'ÉGLISE

CHAPITRE II

VIE ET TRAVAUX D'ARCHIMÈDE

CHAPITRE III

« JE SOULÈVERAI LE MONDE ! »

Paris. — Imprimerie des Orphelins-Apprentis d'Auteuil,
D. Fontaine, 40, rue La Fontaine.